... DES TRAPPISTES.

... ICE

... ABBAYE DE NOTRE-DAME

DE

... DE MELLERAY,

... (Loire-Inférieure).

... QUELQUES MODIFICATIONS, AU ...
... DE LA LOIRE-INFÉRIEURE,
... HENRI CHARPENTIER,
... AUTEUR A NANTES.

... ÉDITION.

NANTES,

... CHARPENTIER, RUE DE LA FOSSE, 32.

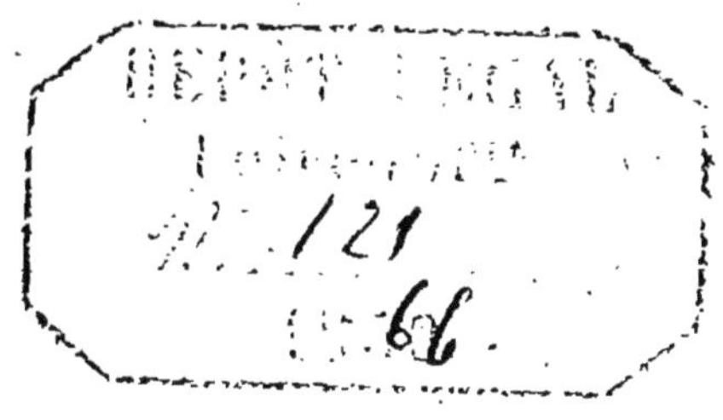

NOTICE

SUR L'ABBAYE DE NOTRE-DAME

DE

LA TRAPPE DE MELLERAY.

Lith Charpentier Nantes

S^{T} BERNARD

(Abbé de Clairvaux)

UNE VISITE CHEZ LES TRAPPISTES.

NOTICE

SUR

L'ABBAYE DE NOTRE-DAME

DE

LA TRAPPE DE MELLERAY,

Près de Châteaubriant (Loire-Inférieure),

Par Félix **BENOIST**,

EMPRUNTÉE, AVEC QUELQUES MODIFICATIONS, AU BEL OUVRAGE DE NANTES ET LA LOIRE-INFÉRIEURE, PUBLIÉ ET IMPRIMÉ PAR HENRI CHARPENTIER, IMPRIMEUR-ÉDITEUR A NANTES.

TROISIÈME ÉDITION.

NANTES,

IMPRIMERIE H. CHARPENTIER, RUE DE LA FOSSE, 32.

1866.

UNE VISITE CHEZ LES TRAPPISTES.

NOTICE

SUR

L'ABBAYE DE NOTRE-DAME

DE

LA TRAPPE DE MELLERAY.

Vivons en frères, et nous vivrons en paix;
c'est le seul vrai bonheur!
(*Sentence inscrite sur les murs du cloître de Melleray.*)

C'est quelque chose de consolant, à notre époque, pour l'homme sérieux qui vit dans le monde, de détourner parfois les yeux de cette arène agitée et bruyante, où les passions se livrent des combats acharnés et incessants, et de les reporter sur un de ces pieux asiles où règnent la paix et l'harmonie, et que la Providence nous a conservés, au milieu de tant de ruines, comme un vivant enseignement, un frappant contraste avec ce désordre intellectuel et moral qui afflige et épouvante notre siècle. Qu'il est doux d'aller un instant respirer un air pur et rafraîchir son âme à l'ombre de ces cloîtres silencieux, qui présentent l'admirable spectacle des mœurs des premiers Chrétiens! C'est là que, chaque jour, sous le seul regard de Dieu, s'accomplissent des actes de vertu vraiment héroïques; c'est là que l'innocence, justement effrayée des périls semés sous ses pas, vient chercher des guides sûrs, de solides appuis; c'est encore là que les fautes échappées à une jeunesse inexpérimentée trouvent, dans une sérieuse pénitence, l'espérance du pardon et de l'oubli. Admirables effets que la vraie Religion seule sait produire! grande leçon pour ceux qui se consument à chercher, en dehors des principes de cette Religion, les bases d'un gouvernement durable et d'une soumission volontaire et persévérante !

Entr'autres communautés religieuses, les environs de Nantes possèdent un des types les plus parfaits de ces belles associations, une abbaye de *Trappistes*. Les Trappistes, ces hommes qui depuis leur fondation ont toujours tenu, pour la pénitence, le premier rang parmi les ordres religieux; les Trappistes, dont les longues veilles, les jeûnes rigoureux, les austérités, que l'on croirait au-dessus des forces humaines, le silence continuel et profond, image de la mort avec la vie, sont célèbres dans tout le monde catholique; les Trappistes, ces hommes exceptionnels, ne sont pas toujours justement appréciés, par cela même qu'ils portent le sentiment religieux jusqu'à l'enthousiasme, jusqu'au sublime. Un simple tableau de leurs pieuses occupations, de leurs mœurs pures et austères, de leurs intéressants travaux, est une puissante apologie en faveur des ordres monastiques si souvent incompris ou calomniés.

Non loin de la grande route de Nantes à Châteaubriant, à deux kilomètres environ du bourg de la Meilleraye, au milieu d'une contrée couverte de bois et des moins fertiles de la Loire-Inférieure, s'élèvent les vastes bâtiments d'une abbaye fondée au XIIe siècle par des Bénédictins de l'ordre de Cîteaux, et occupée aujourd'hui par des religieux Trappistes, sous le nom de *N.-D. de la Trappe de Melleray* (1).

(1) L'abbaye de Melleray est un monastère de la *Congrégation de la Trappe,* qui est une des branches de l'*ordre de Cîteaux*, fondé, en 1098, par des moines de Molesme, au diocèse de Langres, et illustré par saint Bernard.

Le nom de la Trappe est celui de l'abbaye chef-lieu de la Congrégation en France, où commença la réforme introduite dans l'ordre de Cîteaux, en 1663, par le célèbre pénitent Armand-Jean Le Bouthilier de Rancé. Cette abbaye, située dans le département de l'Orne, près de Mortagne, fut fondée, en 1122, par

Tout, à l'approche du monastère, est en harmonie avec le caractère de ses habitants : ces bois qui l'entourent donnent au paysage une teinte sombre, un aspect sévère ; ce lac tranquille qui réfléchit l'azur du ciel et la blanche façade

des moines de l'ordre de *la Trinité* de Savigny, lequel se fondit, en 1148, dans celui de Cîteaux.

Le Souverain Pontife a divisé les Cisterciens Trappistes en trois Congrégations.

Une d'entr'elles comprend les monastères de Belgique, qui tous suivent la règle de l'abbé de Rancé.

La seconde se compose des monastères qui, en France, suivent cette même règle. Ce sont : *N.-D. du Port du Salut* (Mayenne) ; — *N.-D. de Sept-Fonts* (Allier) ; — *N.-D. du Mont des Olives* (Haut-Rhin) ; — *N.-D. du Mont des Cats* (Nord) ; — *N.-D. du Val Sainte-Marie* (Doubs) ; — *N.-D. de Tamied,* près de Faverges (Haute-Savoie) ; — *N.-D. de Mérignat* (Haute-Vienne) ; — *N.-D. de Marienwald,* près Cologne (Prusse).

Enfin la troisième embrasse tous les monastères qui, en France ou à l'étranger, suivent la primitive observance de Cîteaux et la règle de saint Benoît dans toute sa pureté.

Les monastères d'hommes de cette dernière Congrégation sont au nombre de quatorze : *N.-D. de la Grande-Trappe*, près de Mortagne (Orne), la maison-mère, dont l'abbé est vicaire-général de la Congrégation ; — *N.-D. de Melleray* (Loire-Infé-

de l'église, n'est-ce pas l'image de ces âmes calmes et pures dont l'unique ambition est de reproduire en elles quelques traits de la beauté du Sauveur? Cette grande croix plantée en avant, sur un

rieure); — *N.-D. de Bellefontaine* (Maine-et-Loire); — *N.-D. d'Aiguebelle* (Drôme); — *N.-D. de Briquebec* (Manche); — *N.-D. de Thymadeuc* (Morbihan); — *N.-D. de Fontgombaud* (Indre); — *N.-D. des Neiges* (Ardèche); — *N.-D. du Désert* (Haute-Garonne); — *N.-D. de Mont-Melleray* (Irlande); — *N.-D. du Mont Saint-Bernard* (Angleterre); — *N.-D. de Staouëli* (Algérie); — *N.-D. de Gethsémani*, près New-Haven (Etats-Unis d'Amérique); — *N.-D. de la Nouvelle-Melleray*, près Dubuque (*id.*); — *N.-D. des Dombes* (Ain).

Tous les monastères de femmes ou *Trappistines* suivent la réforme de M. de Rancé, quelle que soit la Congrégation à laquelle ils appartiennent.

Six de ces monastères de femmes se rattachent à la troisième Congrégation. Ce sont : *N.-D. des Gardes* (Maine-et-Loire); — *N.-D. de Vaise*, à Lyon (Rhône); — *N.-D. de Maubec* (Drôme); — *N.-D. de la Cour-Pétral* (Eure-et-Loir); — *N.-D. de Blagnac* (Haute-Garonne); — *N.-D. d'Espira de la Gly* (Pyrénées-Orientales).

Les autres maisons de Trappistines en France sont comprises dans la seconde Congrégation. Ce sont : *N.-D. de Sainte-Catherine*, aujourd'hui, par suite d'un déplacement, *N.-D. d'Avesnières* (Mayenne); — *N.-D. de Vannes* (Morbihan); — *N.-D. d'OElemberg* (Haut-Rhin); — *N.-D. d'Ubexy* (Vosges).

bloc de rochers, c'est bien l'étendard de cette légion d'hommes courageux, qui travaillent, chaque jour, à ressembler de plus en plus à leur divin modèle! Cette longue enceinte de murailles qui isolent la communauté et au pied desquelles viennent expirer les derniers bruits du monde; ces austères figures de deux illustres saints revêtus de l'habit monastique, qui accompagnent, sur la porte d'entrée, la douce image de la Reine des Cieux; ces graves sentences que vous lisez au frontispice de l'église et du couvent; tout semble vous inviter au recueillement, à la méditation, à la prière, et vous prépare aux grandes émotions qui vous attendent à l'intérieur.

Avant d'y pénétrer, laissez-nous vous dire quelques mots sur l'histoire de l'abbaye.

I.

FONDATION, HISTOIRE DE L'ABBAYE DE MELLERAY.

Il y a sept siècles, des religieux de Pontron, monastère de l'ordre de Cîteaux, en Anjou, envoyés par Foulques, leur abbé, arrivaient en Bretagne, dans le voisinage de Moisdon, dans un endroit appelé *Vieux-Meilleraye*, pour y fonder un nouvel établissement. Incompris, repoussés par les habitants du lieu, ils n'ont d'abord pour abri que des troncs de vieux arbres, pour nourriture que le miel amassé par des abeilles sauvages. De là, le nom de Melleray (*Mellearium*). Bientôt, ces hommes courageux ont transformé cette âpre contrée, arrosée de leurs sueurs, en une terre riante et fertile. Telle est l'origine du monastère, dont le premier abbé fut installé, en 1132, par Alain, seigneur de Moisdon.

Des constructions du XIIe siècle, il ne reste plus qu'une partie de l'église, consacrée, le 7 août 1183, par Robert, évêque de Nantes. Des réparations et des reconstructions se sont succédé à différentes époques, comme l'annoncent les grandes fenêtres du XVe siècle qui décorent le pignon de la façade et le chevet plat de l'église, et les bâtiments d'habitation qui datent du dernier siècle.

En 1791, lors de la persécution qui abolissait en France tous les ordres religieux, les Trappistes, dont l'ordre se présente sous la glorieuse protection de saint Benoît, auteur de la règle à laquelle ils tiennent du fond de leur cœur, et de saint Bernard, un des premiers fondateurs du même ordre, les Trappistes trouvèrent, même parmi les révolutionnaires, des soutiens contre le mouvement impie qui s'opérait alors, tant est puissant l'ascendant de la vertu. On vit un député de l'Assemblée législative, un de ceux qui demandèrent la mise en jugement de la reine, après avoir voté la mort de Louis XVI, on vit le trop fameux Bourbotte se poser franchement en défenseur des pieux cénobites, et beaucoup d'autres, à son exemple, émettre des opinions favorables aux nobles victimes d'une colère aussi aveugle qu'impie.

Leur demande d'exception en faveur de la Trappe fut inutile. Que pouvait-on opposer au torrent destructeur ?

C'est alors que les Trappistes de Mortagne, chassés de leur demeure, se réfugient en Suisse, et fondent le couvent de la Val-Sainte, dans le canton de Fribourg. De là, ils envoient des colonies en Espagne, en Belgique, en Angleterre, en Piémont.

Plus tard, obligés de fuir devant les armées françaises, ils se dispersent et vont créer de nouveaux établissements en Prusse, en Russie et jusqu'aux États-

Unis. Une partie de ces émigrés s'établissent, sous la protection d'un riche gentilhomme anglais, à Lulworth, dans le Dortsetshire.

En butte aux tracasseries du gouvernement anglais et rappelé par Louis XVIII, Dom Antoine (Charles Saulnier de Beauregard), élu, en 1810, abbé de Lulworth, passe en France avec une partie de ses religieux, et vient, en 1817, prendre possession du monastère de Melleray qu'il avait acheté. L'édifice, abandonné depuis longtemps, tombait en ruines ; tout attristait l'œil dans cette solitude : les moines laborieux rétablissent tout, comme aux jours prospères. L'église est réparée, la voûte en bois relevée, une sacristie ajoutée. Le mouvement, la vie, la fécondité ont reparu dans ces lieux dévastés par l'orage révolutionnaire.

En 1827, l'état admirable des jardins, des étables, des terres cultivées, avait décidé le gouvernement à y créer une école d'agronomie qui devait, chaque année, donner à l'agriculture vingt sujets distingués; elle ne subsiste plus.

Une nouvelle tempête politique vint trop tôt interrompre les progrès de l'intéressante colonie. En octobre 1831, avant la mise en état de siége des départements de l'Ouest, l'autorité n'eut pas honte d'envoyer six cents hommes armés, pour expulser de leur cloître cent vingt-trois religieux inoffensifs, n'en laissant que trente-deux, y compris les infirmes et le R. P. Dom Antoine que protégeaient les lois qui garantissent la propriété individuelle.

On les accusait de favoriser l'insurrection, non-seulement par des vœux, mais encore par des conseils et par des actes.

On prit à leur égard les mesures les plus rigoureuses : pendant trois années, la maison de Melleray fut en butte aux vexations; un grand nombre de visites domiciliaires y furent faites, le jour, la nuit, sans amener le moindre résultat, sans découvrir même l'ombre d'un délit; comme si leur renoncement absolu au monde et leur vie silencieuse n'eussent pas dû mettre les Trappistes à l'abri de tout soupçon de complot politique! Persécutions, privations de tout genre, surveillance sévère, emprisonnement, tout fut employé pour les tourmenter.

Les Irlandais, qui se trouvaient parmi eux, au nombre de quatre-vingts, furent renvoyés dans leur pays.

L'hospitalière Irlande accueille ces pauvres exilés, et c'est un protestant qui fait aux proscrits d'un pays catholique l'offre de vastes terrains incultes. En peu de temps, la métamorphose est complète. Au milieu de sombres et stériles montagnes du comté de Waterford, c'est un singulier et agréable contraste que ces riantes prairies, ces jardins, ces champs fertiles qu'admirent les nombreux visiteurs attirés par la réputation de la nouvelle abbaye de *Mount-Melleray*.

L'Angleterre voit la même merveille et possède aussi son couvent de Trappistes du *Mont Saint-Bernard*. Ainsi, les œuvres de la Religion grandissent et se multiplient sous les coups de ses persécuteurs!

En 1839, Dom Antoine, depuis la Révolution, premier abbé de Melleray, meurt presque subitement, après sept années de tribulations. C'était un homme d'un esprit élevé et d'une haute vertu, une de ces belles intelligences, un de ces cœurs généreux sur lesquels le Créateur se complaît à répandre ses dons.

L'élection qui, à l'unanimité, porta à la dignité d'abbé le Père Maxime (dans le monde Joseph Maulouin, né à Machecoul, Loire-Inférieure), donna à la communauté un digne successeur du

Père qu'elle pleurait. Quelque grande que fût l'œuvre commencée par son illustre prédécesseur, le nouvel abbé s'en est toujours montré le continuateur habile. Il succomba, le 8 octobre 1852, à la suite d'une maladie de langueur, que l'on peut attribuer à la rigueur de ses austérités. — Il fut remplacé par le R. P. Dom ANTOINE (né à Nantes et connu dans le monde sous le nom de Félix Bernard), élu à la majorité des voix, le 13 novembre 1852. Depuis longtemps déjà, il dirigeait la communauté en qualité de Prieur. Il n'eut qu'à continuer l'administration toute paternelle qu'il avait exercée jusque-là et à laquelle ses frères venaient de rendre le plus bel hommage en le mettant à leur tête. La maison de Melleray a continué à grandir et à prospérer sous son active et sage direction.

II.

RÈGLE, MOEURS DES TRAPPISTES.

DESCRIPTION DE L'ABBAYE DE MELLERAY.

On se tromperait étrangement si, d'après un préjugé aussi faux que généralement répandu parmi les gens du monde, on s'attendait à ne rencontrer chez les Trappistes que des visages pâles et mélancoliques, que des natures extétuées par les macérations. Au contraire, tout dans leur physionomie annonce la joie intérieure, le calme de la conscience, la paix du cœur, qui se trouvent rarement dans le monde. La règle de la maison, toute rigoureuse qu'elle est, n'est cependant pas meurtrière. C'est ce qu'attestent chez les religieux, et leur résistance aux plus rudes labeurs, et les nombreux exemples de longévité qui s'y rencontrent. Tout en eux justifie cette sentence inscrite sur la porte d'entrée :

Si de la pénitence on savait les douceurs,
On ne s'effraîrait pas de ses saintes rigueurs.

La Trappe n'est pas non plus, comme quelques-uns se l'imaginent, le refuge de l'ignorance, du crime ou de la folie. Le plus grand nombre de ses membres s'est toujours composé de ces âmes d'élite dont le vice n'a jamais altéré l'innocence et la pureté ; et si parfois cet asile s'est ouvert à de grands pécheurs, la sincérité du repentir qui les y a conduits, l'expiation douloureuse de fautes pleurées pendant de longues années, ont sans doute trouvé grâce auprès d'un Dieu miséricordieux. O monde, ne te montre pas plus sévère !

Les reproches d'oisiveté, d'inutilité, d'égoïsme adressés, souvent avec tant de légèreté, aux ordres religieux [1], n'ont

(1) De tout temps, mais surtout depuis que Notre Seigneur Jésus-Christ est venu prêcher au monde son

pas de sens ici. Non-seulement l'active industrie, les travaux incessants de ces ouvriers infatigables les empêchent d'être

austère doctrine, sa religion si pure, la religion de l'amour, du dévouement, du sacrifice, du renoncement à soi-même, de tout temps il s'est rencontré des âmes d'élite qui, éprises d'un grand amour pour la perfection et craignant les écueils semés au milieu du monde, n'ont pas trouvé de plus sûr moyen, pour échapper au danger, pour se posséder elles-mêmes et reporter sans distraction toutes leurs aspirations vers le souverain bien, que de quitter le monde et de se retirer dans une solitude absolue, ou de s'unir à d'autres âmes mues par le même désir de se rendre plus facile, par la pratique constante des vertus chrétiennes, et par une mutuelle édification, la voie qui mène à la perfection et au salut. Pour s'élever aux plus sublimes contemplations, l'âme a besoin de silence et de recueillement. Il y aurait injustice et cruauté à empêcher certaines natures de suivre le penchant irrésistible qui les entraîne loin des préoccupations, des affaires, des plaisirs, au milieu desquels se consument la plupart des existences; ce serait une tyrannie de violenter une âme en la retenant, contre sa vocation, dans un monde où elle est mal à l'aise, où elle languit accablée d'inquiétudes et d'ennui.

Que Napoléon Ier était loin d'apprécier à sa juste valeur l'ordre des Trappistes, quand il consentait à le tolérer, uniquement parce qu'il y voyait *un asile pour les grands malheurs et un refuge aux imaginations exaltées !*

Les déclamations contre les ordres religieux en général annoncent bien peu d'intelligence de la reli-

à charge à la société ; mais, grâce à leur vœu de pauvreté et à la charité qui les anime, ils trouvent moyen de ré-

gion divine où ils puisent leur esprit de sacrifice. Mais pour n'envisager ces institutions qu'au point de vue des services qu'ils ont toujours rendus et qu'ils rendent encore de nos jours à l'humanité, qui donc, aux tristes époques de désordre et de barbarie, s'occupait de défricher et de fertiliser la terre ? qui prêchait par la parole et par l'exemple l'amélioration des doctrines et des mœurs ? qui, pendant des siècles d'ignorance et de grossièreté, se livrait à l'étude des lettres et de toutes les branches des connaissances antiques ? qui, en nous conservant les chefs - d'œuvre de l'esprit humain, a ouvert la voie aux nouvelles découvertes et contribué puissamment au développement des sciences et des arts ? qui, en un mot, a sauvé la société, et préparé notre civilisation chrétienne, si ce ne sont les moines ? Aujourd'hui encore, ne sont-ce pas des religieux et des religieuses qui distribuent gratuitement l'enseignement à l'enfant du pauvre, qui soignent les malades dans les hôpitaux, qui vont chez l'indigent porter la consolation et l'aumône, qui donnent l'exemple de la paix, de la subordination et du respect pour l'autorité ? A notre époque où l'on parle tant d'association, où l'on en cherche avidement les bases et les garanties, que ne s'inspire-t-on de l'exemple des religieux ? Fonder l'association sur l'intérêt et sur le plaisir, c'est bâtir sur le sable, c'est vouloir assembler et confondre des éléments hétérogènes, incompatibles, c'est rêver.

pandre autour d'eux d'inépuisables aumônes; ils prodiguent à tous, sans distinction de rang, de pays, de religion même, les soins de la plus touchante hospitalité. De plus, ils donnent, dans les contrées où ils s'établissent, une puissante impulsion à l'agriculture, en propageant les meilleures méthodes et l'usage d'instruments perfectionnés. N'est-ce pas pourvoir à l'un des premiers besoins de notre époque?

L'étranger qui visite Melleray est reçu d'abord par un frère qui remplit l'office de portier, et présenté par lui au *père Hôtelier*. Celui-ci l'accueille avec bienveillance, l'introduit dans l'hôtellerie, et fait aussitôt connaître au supérieur le motif de sa visite et le temps qu'il désire passer à l'abbaye.

Alors, si vous venez pour la première fois à la Trappe, on vous fait la réception d'usage, cérémonie extrêmement touchante, dont le souvenir restera longtemps au fond de votre cœur. Deux religieux se présentent, vêtus de longues robes blanches, et vous rappelant les ascétiques figures peintes par Lesueur. Arrivés près de vous, ils se prosternent de tout leur corps, et restent ainsi, quelques instants, étendus à vos pieds, immobiles, le front sur la pierre. Quel spectacle ! deux religieux, deux saints peut-être, s'humiliant ainsi devant des hommes du monde, des pécheurs! Quelle leçon pour l'orgueil! Qui ne s'adresserait alors un secret reproche et ne serait tenté de les relever, pour se mettre à leur place?

Ils vous invitent ensuite du geste à les suivre, et vous conduisent à l'église, afin que vos premières pensées soient pour Dieu. De retour à l'hôtellerie, l'un d'eux lit un chapitre de l'*Imitation*, cet admirable manuel de ceux qui veulent être parfaits. Alors leur mission est remplie; ils s'agenouillent et se retirent en disant : *Suscepimus, Deus, misericordiam tuam in medio templi tui.*

Vous êtes à peine revenu de l'étonnement et de l'émotion que vous a causés cette scène touchante, que le bon Père hôtelier vient se mettre à vos ordres, répondant à toutes vos questions, s'efforçant de vous épargner tout embarras, de prévenir vos moindres désirs. Il y a dans cette manière d'exercer l'hospitalité tout le charme des mœurs simples et patriarchales des premiers âges du monde.

Il n'est exigé des visiteurs aucun paiement pour la dépense qu'occasionne une simple visite ou un séjour peu long ; seulement il est d'usage qu'on laisse, en partant, au Père hôtelier, une offrande tout-à-fait libre, ou qu'on lui achète quelque objet de piété en souvenir de l'abbaye.

Celui qui désire passer la nuit ou rester quelques jours au monastère, est logé dans une chambre modeste, mais convenablement meublée.

On ne sert à l'hôtellerie qu'un maigre frugal, mais assez abondant; jamais, à moins d'indisposition, de viande ni de poisson. Pendant le repas, qui est servi par des frères, un religieux fait une lecture.

Souvent le Révérend Père Abbé s'arrache à ses nombreuses occupations et vient à l'hôtellerie saluer les hôtes et converser un instant avec eux.

On reçoit dans la maison, pour le temps qu'ils désirent y passer, les ecclésiastiques et les laïcs désireux d'y faire une retraite; on y prend même des pensionnaires auxquels est affectée une maison voisine du couvent, appelée *l'Abbatiale*. L'ordinaire des pensionnaires est plus substantiel que celui des hôtes; ils font gras, à moins qu'ils ne soient logés dans l'abbaye et ne mangent à l'hôtellerie.

L'entrée du monastère est sévèrem interdite aux femmes; elles ne sont çues que dans une salle particulière ne peuvent assister aux offices que da une partie de l'église séparée du chœ par une double cloison.

On distingue parmi les Trappist deux classes de religieux profès : l religieux de chœur, appelés *Pères*, et l *Frères Convers*.

Les premiers, choisis parmi le hommes qui ont reçu de l'éducation sont destinés à chanter les offices. Ils consacrent de six à sept heures par jour et davantage les dimanches et jours d fêtes. Le reste de leur temps est employé au travail des mains, à la méditation, à la lecture ou à la prière.

Leur vêtement consiste, pour toutes les saisons, en une robe de laine blanche, sur laquelle est un scapulaire noir avec capuce de même couleur; le tout serré par une ceinture de cuir. C'est le cos-

Lith. Charpentier, Nantes

TRAPPISTE EN LECTURE.

Lith Charpentier Nantes

TRAPPISTE ALLANT AU TRAVAIL.

tume de travail. L'habit de chœur et de cérémonie est une ample et longue tunique, appelée *coule,* également en laine blanche, à manches larges et tombantes, et garnie d'un capuchon.

Les *Pères* ont la tête rase, à l'exception d'une étroite couronne de cheveux.

Les *Frères Convers,* parmi lesquels se trouvent quelquefois des hommes distingués, qui, par humilité, préfèrent se mettre au dernier rang (1), s'emploient plus spécialement à la culture des terres et aux différents métiers qui pourvoient à peu près la communauté de tout ce qui lui est nécessaire. Ils passent à ces

(1) La Trappe de Bellefontaine, en Anjou, en offrait, il y a peu de temps, un exemple bien remarquable.

Le supérieur, homme d'un mérite éminent, d'une haute naissance, après avoir été revêtu, pendant plusieurs années, de la première dignité, donna tout-à-coup sa démission, et voulut, ce qui lui fut refusé à Rome, se faire le dernier des frères convers. Il avait sans doute en vue cette maxime d'un sens si profond, mais généralement peu goûtée, qu'on lit à la Trappe :

Il est plus sûr d'obéir que de commander.

travaux manuels la plus grande partie des jours ouvrables, quoiqu'ils aient un office qui leur est propre et qu'ils récitent aux heures canoniales.

Leur robe est de grosse étoffe brune, et pour eux la coule est remplacée par la *chape,* long manteau brun sans manches, mais avec capuce. Leur tête est complétement rasée.

L'usage du linge est interdit à tous les religieux; ils portent sur la peau une chemise de grosse serge, sorte de cilice.

Il y a encore les *Postulants* ou *Aspirants,* admis provisoirement pour étudier leur vocation et essayer leurs forces, et qui doivent subir quelque temps d'épreuve avant de recevoir l'habit de novice ; — les *Novices de Chœur* et les *Novices Convers,* qui, après une année d'épreuves et quelquefois davantage, sont admis, par voie d'élection, au nombre des religieux profès, et pro-

Trappiste

l'Abbaye de Melleray (près de Châteaubriant).

Frère Convers en habit de Chœur.

L'homme s'agite et Dieu le mène.

noncent des vœux irrévocables. On les distingue à leur costume qui diffère de celui des religieux profès. Les *Novices de Chœur* ont, au lieu de la coule, une chape blanche ; leur scapulaire et son capuce sont blancs comme la robe, et leur ceinture est de laine. Ils n'ont pas la tête rase, mais portent simplement les cheveux courts. — Les *Frères-Donnés, Familiers* ou *Oblats,* qui, sans se lier par des vœux, se donnent à la maison. Ceux-ci gardent l'habit séculier, et pour eux la règle est adoucie.

Il y a aujourd'hui à Melleray trente-huit pères, soixante-treize frères convers, sept novices de chœur, sept novices convers ; de plus, onze frères-donnés et quatre postulants convers. C'est ordinairement là que viennent se recruter les autres maisons du même ordre, lorsqu'elles manquent de sujets.

Le premier supérieur est le *Révérend Père Abbé,* qui n'a pour insigne de sa dignité qu'une simple croix pectorale en bois, et dans les cérémonies un anneau et une crosse également en bois. Il n'est ni mieux nourri, ni mieux vêtu, ni mieux couché que tous ses frères. Il préside au chapitre, donne l'habit religieux, reçoit les professions, distribue les emplois, inflige les pénitences, confère les ordres mineurs.

Après lui vient immédiatement le *Prieur*, qui le seconde et le remplace au besoin.

Celui-ci a pour suppléant le *Sous-Prieur*.

Le *Cellerier* est chargé de l'administration temporelle et de la direction des travaux. Suivant l'importance de la maison, il lui est adjoint un ou plusieurs sous-celleriers.

On distingue encore les emplois de *Maître des Novices*, — de *Secrétaire*, — d'*Hôtelier*, — de *Chantre*, — de *Médecin*, — de *Pharmacien*, — d'*Infirmier*, — de *Bibliothécaire*, etc.

Sous l'habit religieux, tous les rangs,

tous les titres sont pour jamais effacés. Le personnage le plus distingué a-t-il un jour de moins d'*ancienneté en religion*, il verra passer avant lui le simple paysan. Le novice, en prononçant ses vœux, meurt au monde, renonce à son nom, à tout lien de famille, à toute propriété. Il reçoit le nom d'un saint, ajouté au titre de Père ou de Frère.

Lorsque la mort enlève à l'un des religieux un de ses parents, le supérieur l'annonce en ces termes à la communauté réunie : *Mes frères, l'un de nous a perdu son père, sa mère, tel parent;* et la prière de tous monte au ciel pour le défunt. Toujours le religieux que cette mort intéresse en est instruit en particulier.

A la Trappe on ne connaît pas de récréation proprement dite. Les heures qui ne sont pas remplies par le travail sont appelées *intervalles*. L'emploi n'en est pas abandonné au caprice ; chacun peut alors s'occuper, suivant son goût, à la lecture, à la méditation ou à la prière, sans jamais se permettre une posture nonchalante.

Le lever a lieu à minuit, les jours de fêtes solennelles, qui sont nombreux; les dimanches ordinaires, à une heure, et tous les autres jours, à deux heures. Au premier son de Matines, tous les religieux, comme d'un seul mouvement, quittent la couche où ils reposent tout habillés, sur une planche recouverte d'une mince paillasse piquée, et s'empressent de descendre à l'église qui bientôt retentit des cantiques sacrés. L'office du matin finit à quatre heures, qu'il ait commencé à minuit, à une heure ou à deux heures.

Pendant les exercices d'été, qui commencent le jour de Pâques, le repas a lieu à onze heures et demie ; on y ajoute une collation, le soir, et l'on permet, après le dîner, une heure environ de méridienne. A partir du 14 septembre, fête de l'Exaltation de la Sainte-Croix, les travaux manuels sont diminués d'environ deux heures, et l'unique repas ne se prend qu'à deux heures et demie; il est reculé jusqu'à quatre heures et un quart, pendant tout le Carême.

Rien de plus simple et de plus frugal que la nourriture d'un Trappiste : elle se compose au dîner, en tout temps, de deux portions : 1° une soupe aux légumes cuits simplement à l'eau et au sel, dans laquelle on peut mettre du lait; 2° un plat de riz ou de légumes ordinairement au lait. A ces deux portions, on ajoute pour dessert des fruits crus ou cuits. Le souper ou collation, qui se prend seulement depuis Pâques jusqu'au 14 septembre, se compose également de deux portions : d'un plat de laitage ou d'une salade, et d'un peu de fromage ou de miel, ou de quelques fruits. Cependant le lait est entièrement retranché durant l'Avent, le Carême à partir du lundi de la Quinquagésime, les jours de jeûne de l'Église, et les vendredis de l'année, excepté ceux du temps Pascal. Tout s'accommode alors uniquement au sel et à l'eau. La même prohibition s'applique au fromage et au dessert, avec cette différence que l'on continue à en servir pendant l'Avent et jusqu'au mercredi des Cendres. On ne sert jamais ni viande ni poisson au réfectoire ; le beurre et les œufs sont interdits à tous ceux qui sont en santé ; l'huile ne leur est permise que pour la salade.

On donne régulièrement tous les jours, à chaque religieux, douze onces de pain (37 décagrammes 1/2). On peut en tout temps ajouter des pommes de terre au pain. On donne quatre onces de pain de plus, au souper, à ceux qui n'en ont point laissé au dîner.

Le plus souvent par nécessité, le

Trappiste n'a d'autre boisson qu'une pauvre piquette, de l'eau un peu relevée par des jus de fruits ; cependant la règle n'interdit pas l'usage du cidre, de la bière ou même du vin, si c'est la boisson ordinaire du pays. La mesure de la boisson, soit pour le dîner, soit pour le souper, est d'un demi-litre. Dans les monastères où le vin est en usage, on n'en donne qu'un demi-litre par jour. Ce régime n'est prescrit qu'aux hommes valides ; le Révérend Père Abbé veille attentivement à la santé de ses frères : il fait servir aux malades et leur impose même quelquefois tout ce qui est nécessaire dans leur état.

Au milieu du réfectoire s'élève une chaire où, pendant tout le repas, un religieux fait une lecture édifiante précédée d'un passage de l'Écriture Sainte, lu en latin, sur le ton solennel et chantant avec lequel on récite les leçons à l'office. Quelquefois on admet à ce réfectoire des personnes connues qui désirent partager avec les religieux leur modeste nourriture. Avant le repas, suivant l'antique usage, le Révérend Père Abbé vient laver les mains à ces hôtes, qu'il place ordinairement, à table, auprès de lui.

Le silence est absolu chez les Trappistes ; ils ne le rompent que pour une nécessité reconnue, et seulement avec la permission d'un supérieur; pour l'entente dans les travaux, des signes, des gestes suffisent presque toujours. Il n'est pas vrai qu'ils se disent, en passant l'un auprès de l'autre : *Frère, il faut mourir*. Sans cela la pensée de la mort leur est familière ; ils se contentent d'un petit salut affectueux.

De quelque côté qu'ils portent leurs regards, de belles et graves sentences, inscrites sur les murs et empruntées, pour la plupart, à l'Écriture Sainte, parlent à leur esprit et à leur cœur; c'est comme une voix mystérieuse qui se fait entendre aux pieux solitaires, pour leur rappeler sans cesse les grandes considérations qui les ont amenés dans la retraite, et engage les visiteurs à se recueillir dans la pensée de l'éternité.

La foi vive des religieux se traduit dans ces lignes :

> Les engagements du monde charment, mais il faut penser à la fin.
>
> La croix est une folie pour les gens du monde, c'est un trésor pour les religieux.
>
> Non, les souffrances de cette vie n'ont aucune proportion avec la gloire éternelle.
>
> Je fais profession de ne savoir que Jésus-Christ, et Jésus-Christ crucifié.....
>
> Celui qui n'a pas le temps de penser à son éternité, aura le temps de s'en repentir.

Ailleurs, ces exilés volontaires puisent l'espérance qui les soutient, dans de consolantes paroles comme celles-ci :

Mon fils, regardez le Ciel!.....

Si le travail vous fait peur, que la récompense vous anime!.....

Personne ne vous ravira votre joie.....

Ceux qui sèment dans les larmes, moissonneront dans la joie.....

Bientôt je m'endormirai dans la paix du Seigneur, et je me reposerai de mes fatigues.....

Tantôt, c'est une exclamation qui peint tout le bonheur de la vie religieuse :

O Israël! que le Seigneur est bon pour ceux qui ont le cœur droit !.....

O religion sainte! ô vie angélique ! vous êtes vraiment un paradis!.....

Tantôt, un conseil plein de douceur et de charité :

Vivons en frères, et nous vivrons en paix ; c'est le seul vrai bonheur.....

Celui qui aime le prochain a accompli la loi.....

Jetez-vous dans le bras de Dieu, et il ne se retirera pas pour vous laisser tomber.....

Marchez en ma présence, et vous serez parfaits.....

Plus loin, au bas d'une croix peinte sur la muraille :

O crux, ave, spes unica!

Au-dessous d'une statue de la Sainte Vierge, cette tendre expression de la dévotion à Marie :

Pauvres pécheurs, prenez courage,
Et pour cela levez les yeux,
Vous apercevrez dans les cieux
L'étoile qui dompte l'orage.

Il est dans la règle une mortification qui, mal comprise, a été qualifiée de dégradation : c'est la *Proclamation au Chapitre des Coulpes*. Chaque religieux doit s'accuser hautement, en présence de toute la communauté, des *fautes extérieures commises contre l'observance de la règle*. Il peut, en outre, être accusé par ses frères de celles du même genre qui auraient échappé à sa vigilance. Il subit en public, pour ces fautes, la réprimande du supérieur et reçoit une pénitence. Une telle abnégation ne s'explique que par le sentiment le plus profond d'humilité chrétienne.

Tout dans la maison rappelle le vœu de pauvreté et la mortification des sens : l'or, l'argent, excepté pour les vases sacrés, le marbre [1], les étoffes précieuses n'y sont pas admis, même pour l'ornement des autels.

Toute espèce de musique est interdite. Mais, il est un chant simple et

(1) Que MM. les visiteurs ne s'étonnent pas de trouver à Melleray une infraction apparente à cette règle, en voyant le maître-autel en marbre, ainsi que celui de la Sainte Vierge et celui de Saint Bernard. Ces trois autels existant à cette place, lorsque les Trappistes prirent possession de l'abbaye, ceux-ci ont cru, même par esprit de pauvreté, devoir les conserver ; mais tous ceux qu'ils ont élevés depuis, sont simplement en bois ou en pierre commune.

grave, qui impressionne vivement tous ceux qui l'entendent : c'est le *Salve Regina*, que l'on chante le soir après Complies. C'est quelque chose de sévère et de solennel que ce magnifique unisson de cent voix retentissantes, poussant du fond de la vallée des larmes, vers le ciel, les soupirs de l'exil, et saluant avec espoir Marie, la Mère de Miséricorde.

Avec le *Salve* finit pour les Trappistes *la journée de pénitence*. Avant d'aller se livrer au repos, tous reçoivent une dernière bénédiction du Supérieur, qui répand sur chacun d'eux l'eau sainte, pour achever de les purifier.

Quand un Trappiste touche à l'heure suprême et désirée qui va lui ouvrir les portes de l'Éternité, on l'étend, si son état le permet, sur la paille et la cendre, revêtu de ses habits. Là, environné de ses frères qui prient pour lui, il s'endort paisiblement dans le Seigneur. Il est inhumé sans cercueil, avec son vêtement pour suaire, et son étole, s'il était prêtre, dans le modeste cimetière à l'ombre de l'église. Une petite croix de bois, où se lisent, pour toute épitaphe, son nom de religieux et la date de sa mort : tel est le monument élevé sur sa dépouille mortelle.

Les religieux *ne creusent pas eux-mêmes leur tombe;* immédiatement après l'inhumation de l'un d'eux, on trace simplement une nouvelle fosse, qui est réservée au premier que la mort viendra frapper.

Il y a encore plusieurs usages qui tous ont une haute signification. Tel est le *lavement des pieds:* le samedi, en mémoire de l'un des actes touchants de la vie du Sauveur, deux religieux se présentent successivement à tous les autres, en commençant par l'Abbé, l'un présentant le bassin, l'autre lavant et essuyant les pieds, pendant que la communauté chante en chœur le passage de l'Évangile qui rappelle cette belle leçon d'humilité. Cette touchante cérémonie prend, le soir du Jeudi Saint, un caractère plus solennel : c'est le Révérend Père lui-même qui, pendant que le Prieur occupe sa propre chaire, vient, humblement ceint d'un tablier, laver et baiser les pieds à douze religieux, tandis que deux autres Pères les lavent au reste de la communauté, sans en excepter les novices, les frères convers, ni même les simples frères donnés.

Le Jeudi Saint, aussitôt après l'*Angelus* de midi, les religieux se rendent au cloître où le Père hôtelier a eu soin de réunir un nombre suffisant de petits garçons pauvres. Le Révérend Père Abbé passe devant tous ces pauvres et s'arrête en face du dernier d'entre eux ; les autres religieux (les prêtres en tête) en font autant, chacun devant l'enfant qui se rencontre vis-à-vis de lui.

A l'exemple du supérieur, chaque religieux lave, essuie et baise les deux pieds du pauvre qui lui a été ainsi désigné, et, à genoux, lui met une pièce de monnaie dans les mains qu'il baise en même temps ; puis, tous les religieux se prosternent devant ces pauvres enfants, et se retirent après avoir dit : *Suscepimus, Deus, misericordiam tuam, in medio templi tui*. Après la cérémonie, on conduit les pauvres à l'hôtellerie, où le Révérend Père Abbé les fait mettre à table et veille à ce que rien ne leur manque.

Qu'il est beau encore de voir ces hommes, qui ne s'appellent pas en vain du nom de frères, se donner, à l'exemple des premiers Chrétiens, le baiser de paix, avant de recevoir le Dieu de Charité !

Si le Trappiste n'a pas d'ami particulier, il a pour amis tous ses frères : affection beaucoup plus pure que des amitiés motivées souvent par l'intérêt ou par un sentiment purement naturel.

La Trappe ne va au-devant de personne. Quelqu'un se présente-t-il avec l'intention de s'y consacrer à Dieu, il y est accueilli avec une réserve mêlée de froideur peu propre à encourager une simple velléité ou à entretenir les illusions de l'imagination. On ne lui dissimule pas les difficultés de l'entreprise, et, s'il persiste, il devra, avant de s'engager, subir, pendant une année et souvent davantage, les rudes épreuves du noviciat. Comment, après cela, suspecter une vocation ainsi étudiée et éprouvée ?

On ne peut expliquer que par l'action immédiate de la grâce divine, ces résolutions quelquefois subites qui ensevelissent dans la retraite des hommes qui semblaient nés pour vivre dans le monde et en être l'ornement. Quelques-uns, par les dons de l'esprit, d'un heureux naturel, de la fortune, d'un nom distingué, du talent, y pouvaient prétendre à une brillante carrière ; d'autres y vivaient emportés par le tourbillon des plaisirs et des affaires ; voilà que, providentiellement, ils sont venus visiter la Trappe, ou ils ont entendu citer quelques traits frappants de la vie religieuse, et, tout-à-coup, comme éclairés d'une lumière surnaturelle, ils ont été profondément touchés de la paix et du bonheur qui règnent en ce lieu, et ils ont rompu courageusement avec leur passé. Ils ont abandonné famille, amis, avenir, position ; ils ont dit au monde, à ses enchantements, à ses espérances, un éternel adieu.

Il nous resterait beaucoup trop à dire, si nous voulions seulement esquisser tout ce qui, dans l'intéressante abbaye de Melleray, est digne de fixer l'attention, et que le Père hôtelier a mission de montrer aux visiteurs (1). Si au moral

(1) Les étrangers ne sont point admis à visiter la maison, les dimanches ni les jours de fêtes ; et, depuis Pâques jusqu'au 14 septembre, l'intérieur ne peut être visité qu'avec la plus grande réserve, les jours ouvrables, pendant le temps de la méridienne.

l'homme y reçoit de profonds enseignements, et y rencontre d'édifiants exemples, celui qui s'occupe sérieusement d'agriculture, et qui est appelé à fonder ou à diriger quelque important établissement de ce genre, fera bien de venir s'instruire à cette excellente école ; il y trouvera plus que de savantes théories et d'habiles méthodes, une pratique éprouvée, résultat d'une longue expérience aidée des perfectionnements ingénieux de la science et du progrès.

On vous montrera l'intérieur de l'église, qui est simple, mais grande et noble; la sacristie, où l'on conserve une très-belle crosse en ivoire, d'un travail précieux, qui a appartenu à un ancien évêque de La Rochelle, et un ornement complet provenant d'un manteau de Pie VI, donné en cadeau au R. P. Dom Antoine (1).

(1) On voit dans la partie de l'église réservée aux séculiers, une statue en bois de saint Jean-Baptiste,

Vous visiterez encore le *cloître*, la grande salle du *chapitre*, le *réfectoire*, les *dortoirs*, vous souvenant que dans ces lieux le silence est prescrit même aux visiteurs; — tous ces ateliers, où les divers travaux s'accomplissent, sans bruit et sans distraction, devant l'image du Christ; — la buanderie, où les religieux viennent humblement, à certains jours, laver eux-mêmes les vêtements de la communauté; — la laiterie, modèle dans son genre; — les curieuses étables, si proprement tenues, où sont rangés de magnifiques taureaux et de belles génisses de pure race cotentine; — puis la porcherie, remarquable par des anglo-tonkinois, dont le plus beau a remporté le

célèbre, depuis un temps immémorial, par les nombreux pélerinages qui s'y font, non-seulement de plusieurs parties du diocèse, mais encore des diocèses limitrophes. Les enfants travaillés par les vers sont apportés journellement par leurs parents aux pieds de cette statue, et l'on parle de beaucoup de guérisons. De là, le nom si connu de *Saint-Jean-aux-Vers* donné à cette image.

second prix au concours de Poissy, et a mérité au Révérend Père de la part du gouvernement une prime d'encouragement.

Vous parcourrez avec intérêt ces vastes terrains couverts de toutes sortes de cultures, ces immenses vergers, ces jardins si bien entretenus et si productifs; ces prairies habilement arrosées, ces belles pépinières, où se rencontrent toutes espèces d'arbres fruitiers et forestiers, ce vaste dépôt de graines potagères et fourragères qui sans cesse alimente ses succursales établies à Nantes, à Châteaubriant, à Rennes et en plusieurs autres endroits de la Bretagne.

Vous remarquerez une ingénieuse machine mue par les eaux de l'étang et perfectionnée par un des religieux, laquelle sert à la fois à battre le blé, à le vanner, à le moudre, à pétrir la pâte, à faire marcher la filature, les moulins à tan et à trèfle.

Vous admirerez surtout comment la pensée de la charité se retrouve partout et domine les préoccupations du travail : ces constructions nouvelles, œuvres, avec tant d'autres, de la prévoyante sollicitude du R. P. Maxime, sont des chambres pour les voyageurs qui viennent demander l'hospitalité ; un chauffoir pour les pauvres, où on leur distribue du travail et d'abondantes aumônes ; une salle de réception pour les dames, où l'accueil bienveillant qu'on leur fait et les égards qu'on a pour elles les dédommagent un peu de l'ennui de ne pouvoir pénétrer dans la maison.....

Les Trappistes ne sont pas hommes à se reposer, pour jouir d'un bien-être acquis : leur vie doit se passer dans le travail ; le repos, ils ne l'attendent qu'au Ciel, et c'est là une cause réelle de progrès. Nous en avons ici une preuve bien sensible. Que n'a-t-on pas fait pour ruiner ou pour entraver dans ses développements cette pacifique association de travailleurs, et cependant quel établissement est plus prospère ? C'est que là chacun travaille pour le bien de tous ; l'égoïsme est remplacé par la charité et le dévoûment, l'ambition par l'humilité chrétienne, l'orgueil par la soumission à une direction unique et éclairée.

Les importants travaux déjà exécutés par le R. P. Dom Maxime se continuent sans relâche sous la direction de son successeur; on a vu s'élever en quelques années une belle vacherie, une vaste infirmerie et des hangars annexés à la grange, dont la construction et les aménagements ne laissent rien à désirer. Si le R. P. Dom Maxime avait eu la gloire de soutenir puissamment le monastère de Staouëli, fondé en Afrique par la maison d'Aiguebelle, et de fonder celui de Gethsémani aux Etats-Unis (1848), le R. P. Dom Antoine, peu de temps après son élection, eut le mérite de la fondation de Fontgombaud, tentée inutilement par une autre maison pleine de zèle, mais trop faible.

Quelle meilleure et plus utile pensée que celle de multiplier et de répandre ces colonies de travailleurs pieux et intelligents, qui ne s'établissent nulle part sans y porter les bienfaits d'une saine civilisation et sans y attirer les bénédictions du Ciel !

On l'a dit souvent, et notre siècle n'en tient pas assez compte, la religion catholique, si expansive, parce qu'elle s'inspire et se renouvelle sans cesse au foyer inépuisable de la divine charité, n'a besoin que de la liberté pour résoudre les grands et difficiles problèmes qui préoccupent notre époque, et renouveler la face du monde.

14024 — Nantes, Imp. Charpentier.

www.ingramcontent.com/pod-product-compliance
Ingram Content Group UK Ltd.
Pitfield, Milton Keynes, MK11 3LW, UK
UKHW020348250726
13967UKWH00005B/2168